ABUS

ET

THÉATRE

PAR

M. H. P. ARBELLI

BORDEAUX

IMPRIMERIE PICOT ET MATHERON
Rue Porte-Dijeaux, 43.

1861

ABUS

ET

THÉATRE

PAR

M. H. P. ARBELLI

BORDEAUX

IMPRIMERIE PICOT ET MATHERON
Rue Porte-Dijeaux, 43.

1861

ABUS ET THÉATRE

Est-il permis d'insulter un homme d'Etat dans l'exercice de ses fonctions? un juge séant en tribunal? un général passant la revue? un prêtre sermonant son auditoire? un spéculateur faisant son commerce? un ouvrier faisant son métier?

Évidemment, non ; les usages, les mœurs s'y opposent. Est-il permis de maltraiter un chien, un cheval, un animal quelconque dans la rue? Non, mille fois non ! — La loi, chez les peuplades qui sont encore à moitié barbares, protége non-seulement les hommes mais aussi leurs femmes et même leurs animaux.

Mais est-il permis d'insulter, de provoquer, de honnir, d'outrager, d'avilir impunément sur la scène d'un Théâtre, et dans l'exercice de son état, un artiste qui joue ou qui chante? une femme qui s'y livre à sa profession? oh oui! mille fois oui!!! — Non-seulement la loi le tolère; mais même pour diverses considérations d'intérêt public qu'on pourrait presque définir, la raison du plus fort; elle impose à ces derniers l'obligation d'essuyer l'outrage, de n'y point répondre, de n'en tirer ni raison ni vengeance.

Les lois protégent bien encore chez les peuples un peu civilisés toutes sortes d'institutions publiques et de lieux de réunions, tels que le palais et l'église, le tribunal et la caserne, le marché et le pensionnat, la bourse et l'hôpital, même les couvents, même d'autres lieux qu'il n'est pas séant de nommer... Quant à la scène théâtrale, c'est un bouge proscrit et maudit, où la loi, en quelque sorte ne protége guère que les pierres et les charpentes.

Évidemment, dans ce monde chaque chose a sa raison d'être plus ou moins fatale. Or, cette indifférence de la loi à l'égard d'une des premières et des plus utiles institutions des peuples civilisés, n'est autre chose qu'un de ces funestes legs que l'antiquité nous a transmis en tant d'autres genres, et qui subsiste même encore au plein contact des théories de la civilisation moderne.

Après les délits criminels, et dans l'ordre de la brutale insolence, il n'est rien de si odieux que cet usage qui autorise ceux qui étaient naguère les premiers perturbateurs et brouillons de nos cités, aussi ignorants en fait d'art et de littérature qu'en fait de bonne vie, à troubler tout un concours de gens paisibles dans les agréables distractions qu'ils recherchent après leurs travaux du jour; rien de si ignoble que cette coutume qui autorisa en tout temps, ce qui n'était jadis que le comble de la bassesse, à insulter au génie et à ses interprètes.

Rien de si révoltant, pour celui qui sent ce que se doit la dignité humaine, de voir la débauche et l'ignorance conjurées couvrir impunément de sarcasmes et d'injures, de persifflages et d'outrages, à la face des gens de bien, aussi dupes qu'impassibles, non-seulement l'artiste réellement inhabile, mais aussi tout autre qui, à leur estimation singulière, ne leur fournit pas assez de sa marchandise pour leur argent.

Rien de navrant, pour toute personne vraiment honnête, comme d'entendre la force brute et brutale insulter pendant toute une soirée et jusqu'à satiété, jusqu'à la lassitude, et par la seule vraie raison qu'elle est sans protection et sans défense, une actrice qui comme tous, qui plus que tous, fait de son mieux pour satisfaire son monde... Une malheureuse femme coupable, selon quelques égoïstes ineptes, tantôt de n'avoir pas du talent à leur guise ou le plus souvent même coupable seulement d'avoir trop de vertu.

Pénétrés de tout ce que cet usage, déjà banni des mœurs des charretiers et des portefaix, a d'odieux et de barbare, les magistrats qui favorisent la cité de leur intelligente et honorable administration ont voulu naguère, par des mesures aussi judicieuses que plausibles, mettre un terme à cet ordre de choses si vicieux et inaugurer sur nos théâtres l'ordre et la convenance qui règnent dans les affaires publiques d'aujourd'hui... Mais tout leur bon vouloir semble s'être refroidi par devant la résistance de l'abus même, les demi-mesures, les prohibitions prudentes et circonspectes semblent plutôt entretenir le mal que le détruire... Toutefois, avec un peu d'expérience des hommes de notre époque, on peut affirmer que du moment où les injures et bruits provoqués et excités durant les représentations théâtrales, au lieu d'être comme par le passé à peine contenus par la simple police, rentreraient au contraire dans la caté gorie des outrages et injures prévus et mentionnés par par l'art. 167 et suivants du Code pénal, ressortant des jugements de tribunaux de police correctionnelles ; on peut affirmer, dis-je, que dès lors tout individu, quel qu'il fut, se garderait d'insulter l'acteur ou l'actrice jouant sur la scène, au moins de même qu'il se garde d'insulter qui que ce soit dans l'exercice de sa profession ou de son commerce.

Et de fait, quelle différence peut-il y avoir en fait de valeur personnelle, entre ceux qui nous vendent du plaisir, du charme, du talent, du génie sur la scène, et ceux qui nous offrent et nous fournissent dans des bureaux ou des magasins tout autres genres de produits, soit : vins, comestibles, farines, matériaux à construction, draps, étoffes, etc? La loi ne doit-elle pas garantir aux uns comme aux autres, avec leur liberté individuelle, le libre exercice de leur profession ? — N'est-il pas tout aussi honorable et tout aussi inoffensif, après de longues et pénibles études, de faire l'état d'auteur dramatique, d'acteur, de danseur, de musicien ou de peintre, que d'exercer celui d'administrateur quelconque, de professeur, de notaire, de médecin, d'avocat ou de moine ? — N'est-il pas tout aussi honnête de gagner sa vie à charmer, à réjouir, à instruire tout ensemble la société, que de la gagner en exerçant tout autre métier ; celui d'aller à la chasse de ses semblables, à la bourse par exemple ?

Mais ici bien des gens qui n'ont point réfléchi à cette vérité ne manqueront point de soulever cette grande objection en disant : pour être juste, civilisé et poli à l'égard du personnel des théâtres, faudra-t-il donc souffrir patiemment que la scène soit envahie par des sujets incapables ? faudra-t-il tolérer, en un mot, que les fournitures que l'entrepreneur-directeur doit faire au public, moyennant une somme stipulée et perçue d'avance, soient d'une médiocrité révoltante ? — A cela d'abord on peut répondre que toujours et en principe tout négociant, industriel, ouvrier quelconque, de même que tous fonctionnaires, directeurs, artistes et employés de théâtres ont bien le droit consacré de fournir de prime abord une marchandise inférieure de valeur au prix qu'on leur en donne, et on doit admettre aussi qu'en ce cas, le client, l'acheteur et le public ont bien le droit acquis et consacré, non-seulement de déserter, soit la boutique, soit le théâtre, mais même encore de s'en plaindre ouvertement, d'en signaler l'abus à l'indifférence publique et de ne plus aller s'y faire duper. En un mot, le directeur d'un théâtre vient-il à se montrer ou lésineux ou incapable et à produire une troupe inférieure à ce que le public a le droit d'attendre, reste au même public la liberté et la ressource de déserter les représentations, et, par cela même déjà, le directeur sera obligé de se retirer ou de faire mieux.

Mais, toutefois, comme le théâtre est une institution qui, comme tant d'autres du reste, intéresse la société à peu près tout entière, il est bon aussi que par rapport à son organisation et à ses fonctions, il soit subordonné à un ordre et à des règlements particuliers qui préviennent autant que possible les abus dont la direction pourrait se rendre plus souvent coupable envers le public et qui sauvegardent le bon droit et la juste balance d'un côté comme de l'autre, et en soumettent les droits et les exigences réciproques au meilleur ordre possible.

A ces fins, il semble que loin d'être décidé par la multitude au bruit grotesque et ridicule des sifflets ou des claquements de mains, le rejet ou l'admission définitifs d'un acteur débutant devraient être au contraire le résultat d'un vote spécial, par boules blanches et noires, émanant d'une catégorie d'hommes assez intruits pour pouvoir être justes et compétents, et réunis en assez grand nombre pour pouvoir être désintéressés en toute sorte de cas. Quand il faut décréter la nomination d'un général au commandement d'une armée, autre institution publique, on a bien garde de soumettre sa candidature au vote des 35 millions d'âmes dont la nation se compose; mais les intelligents préposés pour apprécier et agir choisissent le plus apte pour répondre à ce grade, et le tout n'en va qu'infiniment plus vite et surtout infiniment mieux. Qu'il en soit donc de même pour l'acceptation des acteurs. Certes on peut le dire : par le degré de son instruction d'une part, de l'autre, par sa situation qui ne lui permet pas d'acquérir l'expérience nécessaire pour ces sortes de cas, la multitude est bien loin de posséder les facultés nécessaires, soit pour juger du mérite d'un acteur, soit pour estimer la juste proportion à établir entre son talent et les appointements qu'on peut lui allouer; donc, loin de s'en référer comme par le passé à ses instincts vagues et plus ou moins capricieux, il conviendait au contraire, comme cela a été déjà plus les acteurs, mais que , chose bien plus étrange, les dames y vont indifféremment au parterre sans craindre d'y être foulées et insultées comme autrefois.

Le premier et le plus grand des vrais civilisateurs a dit : L'homme ne vit pas seulement de pain, mais aussi de toute pensée parlée ou écrite. L'instinct de notre race quel que barbare qu'elle ait été, justifia bien en tout temps cette grave et profonde pensée, et le célèbre *panem et circences*, de la plèbe antique, trahissait bien, dans son expression grossière, cette soif ardente de l'homme pour le bien métaphysique inépuisable, qualifié de nos jours du nom de beau idéal.

Supprimez chez l'homme le libre et noble travail de la pensée, aussitôt son côté moral dégénère, languit, se perd entièrement, et de lui bientôt il ne reste plus que la brute et la plus furieuse des bêtes fauves. Notre âme meurt faute d'avoir l'aliment qui lui convient, absolument comme le corps qui succombe de même si sa nourriture relative et matérielle lui fait défaut.

Quand ceux qui gouvernent seront bien pénétrés de cette importante vérité, loin de traiter la question des théâtres avec plus ou moins d'indifférence, ils apprécieront au contraire de quel grand secours peuvent être l'art dramatique et l'art musical, combinés, pour l'amélioration de l'esprit humain. Au lieu de prendre les théâtres comme des lieux de simple récréation et passe-temps, ils les considéreront au contraire comme l'école la plus agréable et la plus susceptitible en même temps de polir et de civiliser les masses ; et ceux d'entre eux qui ont enfin placé Molière, le pauvre histrion d'autrefois, sur son trône de marbre dans une des plus belles capitales du monde, ont bien enfin compris qu'en lui était non-seulement le grand poëte, le profond philosophe, le fin observateur, mais qu'il était encore le grand, le très-excellent maître d'école des grands et des petits, des hommes et des femmes, des jeunes et des vieux, sachant insinuer la civilisation dans le cœur de l'homme à son propre insu, avec la faculté merveilleuse et le désir arrêté de le divertir et de le faire rire en l'instruisant.

Enfin, il faut encore convenir que, jusqu'à ce jour, le peu de cas qu'on a fait du Théâtre et de son influence, semble autoriser les auteurs dramatiques secondaires à perdre souvent de vue le but noble et utile qu'ils doivent en conscience se proposer ; que de pièces se jouent surtout sur les théâtres compris sous le nom de Variétés, qui sont à tel point licencieuses et même immorales, qu'elles témoignent hautement ou de l'indulgence regrettable de la censure à leur égard, ou de l'indifférence de cette dernière pour l'intérêt moral de la société. Que de costumes trop légers, que d'allures trop lestes font souvent un lieu de dévergondage de la scène qui devrait être toujours une véritable école de bonnes mœurs.

L'auteur de cette brochure, se trouvant un jour au Grand-Théâtre de New-York, en compagnie d'un jeune américain du Nord, ne pouvait se lasser d'admirer les bons procédés du public de cette nation envers les acteurs et surtout sa politesse exquise à l'égard des actrices. — « Pourquoi n'en serait-il pas ainsi chez vous, disait son compagnon de loge, puisqu'il entre dans notre éducation et dans nos mœurs de considérer toutes les professions utiles comme étant et devant être également estimables ? Il faut de tout pour faire un monde, dit un de nos vieux proverbes. De plus, vous devez considérer, que dans nos pays, presque toutes les actrices sont honnêtes, et tandis que ces filles d'Ève réunissent au talent cette amabilité toute exceptionnelle qu'elles reçoivent en dot de la nature, nous ne nous faisons point scrupule de les épouser, bien loin de les proscrire dans notre opinion. Il n'est pas rare de voir aux États-Unis le banquier rehausser et ennoblir le prosaïsme du dollar et des affaires pratiques avec le talent illustré d'une Jenny-Lind. Nous n'estimons pas que la finance déroge en s'alliant à l'art, mais au contraire, nous pensons que le succès dans les affaires matérielles ne saurait être plus heureusement et plus agréablement couronné que par de telles alliances ; mais surtout, dit-il, soyez convaincu, que si au lieu d'être ainsi honorée, la profession d'artiste était avilie chez nous dans l'opinion ; que si, par une inconséquence inconcevable, nous méprisions l'actrice et la danseuse avec leur profession, tout en les acceptant et les encourageant pour notre bon plaisir et notre profit moral, alors, vraiment, comment l'honneur et la vertu pourraient-ils se soutenir dans cette catégorie de femmes. On garde avec soin l'honneur quand il constitue un fait et une propriété, établis, acceptés, profitables, une sorte de prérogative recherchée et indirectement au moins rémunérée par l'opinion ; mais, dès l'instant qu'il n'est plus qu'un nom ou moins encore, et qu'une cause de persécution incessante et de persifflage acharné, bien fou serait celui ou celle qui y tiendrait, surtout quand le mépris anticipé d'une société cruelle, conspirant avec l'abandon et la pénurie des premiers essais, souvent avec la faim, les met dans la dure alternative ou de divorcer avec lui ou de plonger dans quelque abîme. »

Par le ton dont ce jeune américain avait proféré ces paroles, il fut facile à l'auteur de la brochure de supposer qu'elles étaient à sa propre adresse et à celle de la nation qu'il représentait, aussi ne pût-il s'empêcher d'en ressentir une confusion secrète et d'être sérieux et pensif tout le reste de la représentation.

Quatre ans après cet incident, le même auteur de cette brochure assistait à une représentation de l'opéra de *Lucie,* au théâtre principal de San-Yago du Chili ; une circonstance qu'il est inutile de rapporter motiva sa présence dans la loge de l'intendant ; pendant le dernier acte et quelques danses qui succédèrent et qui furent exécutées par des artistes de Madrid, le costume des danseuses était comme partout et selon l'usage, à cette petite différence près, qu'en outre de leur caleçon, elles portaient des pantalons de gaze qui descendaient jusqu'à quatre pouces à peu près au-dessus du genou. Tout en causant avec le magistrat chilien de leur plus ou moins de talent, l'auteur qui écrit l'assura que l'art perdait positivement quelque chose en raison de cette longueur des pantalons, inusitée dans le costume des danseuses françaises. — Oh ! oh ! fit l'intendant, je me garderai bien de critiquer votre manière de voir, de vous autres français, — chacun son goût, — pour nous, nous trouvons que nos danseuses étalent encore assez leurs formes, nonobstant cette petite restriction imposée par nos réglements de théâtre. En autorisant, au contraire, pratiqué, de s'en rapporter aux lumières et à l'impartialité d'une commission compétente en pareil cas, et cette tâche semble tout naturellement et de prime abord concerner la catégorie des abonnés, en y comprenant encore les diverses autorités qui ont siége marqué au théâtre. La grande habitude que ces messieurs ont du théâtre et leur instruction solide seraient un sûr garant de la plus sûre appréciation et du meilleur choix qu'on puisse souhaiter. On trouve le moyen d'élire régulièrement un conseiller municipal, un maire, un député; il serait vraiment singulier qu'on ne sut comment s'y prendre pour choisir de même un acteur ; que les abonnés réunis décident donc désormais de l'admission des acteurs et que leur décision à ce sujet soit tenue, non-seulement pour ce qui pourra être fait de moins mal, mais aussi pour ce qui pourra être fait de mieux ; que la loi prête son appui formel à ce qu'ils auront décidé, tout en laissant ample liberté à ceux qui ne seraient pas satisfaits de ne pas honorer le théâtre de leur présence et même de ne pas le soutenir de leur argent ; et si ce règlement venait a être adopté, il conviendrait surtout qu'il fût, pendant un certain temps, publié dans tous les journaux et affiché par toute la ville, en ayant soin d'y mentionner les peines portées contre les délinquants. Ainsi les gens paisibles qui viennent chercher au théâtre des distractions agréables ne les verront plus se changer en des luttes grossières, par la malveillance de ces quelques êtres insatiables qui y font le métier de tout troubler et bouleverser, et qui sont vraiment en si petit nombre aujourd'hui, que les supporter plus longtemps serait non-seulement de l'indolence, de la duperie, mais même de la lâcheté.

Hâtons-nous donc enfin de restituer aux acteurs leur dignité par trop longtemps décriée et compromise ; aux actrices surtout, non-seulement leur dignité, mais aussi leur libre disposition en toute chose — c'est justice. — C'est un devoir, et après avoir flétri comme il convient le vieil et honteux usage de siffler, avouons qu'il serait bien temps aussi de ne plus les injurier même en les applaudissant. Sans doute, de prime abord, cette nouvelle observation va paraître extraordinaire, mais n'importe : je poursuivrai en raison de l'intérêt que tout homme bien disposé doit porter, soit au progrès en général, soit en particulier au meilleur ordre à établir en toute chose. La manie de claquer des mains pour témoigner à un acteur la satisfaction qu'il nous cause est positivement toute aussi inconvenante que celle de le siffler s'il nous déplait, et l'une et l'autre ont bien leur origine dans ces mœurs féroces et ignares que manifestaient dans les cirques les populations des temps barbares. — Mais s'il y a de l'inconvenance et de l'impolitesse à claquer les acteurs, que dirons-nous de cet autre usage grotesque qui consiste à jeter grossièrement des fleurs pour leur faire savoir qu'on est encore plus satisfait... Vraiment, par le temps où nous sommes, bien des gens se font scrupule de jeter à leur chien son morceau de pain ; n'est-il pas honteux que nous, enfants du XIXe siècle, nous jetions à un artiste, à une dame surtout, des témoignages si banals de notre appréciation ?
— Mais c'est de la plus grande inconvenance, mais c'est de la dernière impolitesse ; et toutefois, en nous fourvoyant ainsi, nous croyons encore bien faire, tant les vieux usages nous frappent d'aveuglement et exercent sur nous d'empire.

Mais de quel droit, dira-t-on, venir risquer des observations si excentriques et si originales ?... Oh ! ce droit, le voici, et celui qui écrit est bien loin d'avoir à ce sujet le mérite de l'invention et de l'initiative.

Loin de prendre pour patrie seulement ce petit coin de terre où nous naissons, emparons-nous du globe tout entier ; que les deux hémisphères, dont on fait le tour en si peu de temps, soient notre domaine, et mus par cette judicieuse pensée que chaque pays présente ses côtés brillants ou faibles, qu'il y a partout de grandes et utiles leçons à recevoir, du bien à imiter, voyageons en tous sens pour voir, pour apprécier, pour nous instruire. Or, c'est en parcourant l'Amérique que nous y serons frappés des deux faits suivants, qui se rapportent directement à notre sujet : nous y verrons avec étonnement que les villes capitales du Chili, du Pérou, du Brésil, de Buenos-Ayres et surtout des Etats-Unis, possèdent des théâtres tout aussi bien montés et organisés que les nôtres, et cela par la raison toute simple que ces pays étant plus riches que ceux d'Europe, ils peuvent bien se procurer les mêmes avantages par le moyen suprême : l'argent... Eh bien ! qui le croirait ? dans ces pays que beaucoup de nos siffleurs de théâtres supposeraient devoir être encore à moitié sauvages, dans ces sociétés formées depuis si peu de temps, règne bien plus que chez nous, non pas peut-être la politesse de la tenue et des allures, mais bien plutôt la politesse d'action et de fait ; on n'y siffle jamais l'artiste sur la scène, mais si le silence se fait à ses débuts, si des bravos motivés et modérés ne l'accueillent pendant son épreuve, cela signifie qu'il ne peut convenir ; ce silence honnête tient lieu de toute autre manifestation pénible et offensante, et l'artiste se retire alors avec sa dignité sauve de la face d'un public qui ne compromet jamais la sienne. Quand un artiste est accepté, et dans les cas où le public veut lui témoigner sa satisfaction d'une manière exceptionnelle, ses appréciateurs lui font offrir des fleurs sur la scène par le ministère d'un des employés du théâtre ; mais dans les représentations solennelles où l'admiration pour les artistes va jusqu'à l'enthousiasme, bien loin de lui jeter des fleurs comme nous faisons, le public de ces contrées lui députe une petite commission de jeunes dilettanti avec mission de le féliciter et de lui offrir quelque cadeau de bon goût, tels que médailles, couronnes, bijoux, etc., etc. — En ce cas, ces sortes d'offrandes sont toujours en or et le premier de la députation présente gracieusement sur la scène, et en présence de tout le public satisfait, le prix et le titre de son ovation à l'artiste ainsi dignement honoré et récompensé. Quand on est né en France et qu'on assiste à des scènes soutenues par tant de convenances et de dignité on ne les quitte jamais sans faire de tristes réflexions sur nos mœurs théâtrales.

Aujourd'hui à Milan, à Florence, à Rome, à Naples, dans toute l'Italie, toutes les fois que les spectateurs ne sont point satisfaits d'un acteur ils se mettent tout simplement à causer entre eux, en affectant, par leur poses et situations, de ne prêter aucune attention à ce qui se passe sur la scène, et c'est la manière tacite et calme de prouver à l'artiste qu'il ne peut convenir ; à Séville, au fond de l'Espagne, les mœurs théâtrales en sont à un tel degré d'amélioration que non seulement on n'y siffle nos danseuses à se découvrir davantage, ce qui serait en quelque sorte les y forcer à cause des nécessités qu'engendrent l'émulation et la concurrence, nous craindrions de leur donner la preuve, qu'en principe, nous les méprisons en les vouant ainsi despotiquement et comme une sorte de proie à la satisfaction de nos plaisirs sensuels, et certes, je vous l'assure, nous autres Chiliens, nous sommes bien loin de mépriser les artistes. De plus, nous craindrions que nos dames et surtout nos jeunes filles, qui assistent avec nous aux représentations théâtrales, après avoir rougi une première fois pour la dignité de leur sexe compromise et méconnue dans la personne de ces malheureuses artistes, n'apprissent ainsi, insensiblement, à ne plus rougir pour leur propre compte. Les mauvais exemples, surtout si souvent répétés, sont on ne peut pas plus contagieux, et puis, tenez, ajouta-t-il, les danseuses, à vrai dire, malgré les pantalons de gaze que nous exigeons, n'exerçent encore que trop de charme sur nous et sur nos fils. L'éducation de l'immoralité se fait toujours trop tôt et par beaucoup trop d'occasions. — Nous préférons donc que nos danseuses se couvrent un peu plus et que nos fils soient moins précoces et moins surexcités en matière d'émancipation juvénile, et à ce sujet, je vous citerai un proverbe de notre nation qui dit : « Tel grain tu » sèmes, tel grain tu récolteras. » Ainsi donc, messieurs les Français, soignez l'art à la mesure de votre fantaisie, mais permettez que nous magistrats, en vous imitant jusqu'à un certain point à ce sujet, nous prenions soin aussi, et de nos artistes de théâtre et de nos mœurs publiques.

O Bordeaux ! toi que par un rare privilège la Providence a fait une des cités de ce monde la plus avancée en athéisme et en civilisation ! toi, chez qui la philanthropie, la sollicitude, le dévouement intelligent des classes supérieures pour les inférieures est si remarquable et si fécond, il est bien permis à un étranger de le proclamer, toi, si favorisée par la possession permanente d'une municipalité si habile à te doter de tant d'améliorations et d'institutions utiles, de tant de travaux si éminemment artistiques et remarquables, à toi l'initiative pour la réforme des vieux abus qui déshonorent nos représentations dramatiques, et possédant déjà le plus beau théâtre du monde, à toi l'honneur de posséder désormais le public le plus digne, par son estime pour l'action civilisatrice des arts, de siéger dans un tel monument.

Puissent encore les divers organes de la presse locale, si dévoués pour tout ce qui est de progrès et d'intérêt public, éclairer l'opinion des masses à ce sujet en faisant ressortir et comprendre tout ce que ces troubles de nos représentations théâtrales ont d'inconvenant et d'odieux. Leur influence sera d'autant plus efficace, que même les jeunes gens de la classe ouvrière de nos jours, en se livrant encore à ce vieil usage, pêchent bien plutôt par le vice d'une longue habitude que par un manque réel d'éducation, d'appréciation raisonnée et de savoir-vivre.

Nous venons de signaler un grave abus résultant des vieux usages du public envers le théâtre, signalons maintenant un abus non moins grave, provenant des usages du théâtre à l'égard du public.

« Le temps, c'est l'argent, » dit un proverbe moderne qui a vraiment fait fortune aux rives intelligentes de l'Angleterre et des diverses colonies, mais qui ne peut prendre racine dans les régions intellectuelles de notre vieux continent, et cependant la vie est courte, elle se compose d'un nombre de jours bien limités ; penser, agir, souffrir, jouir, c'est sentir qu'on existe, c'est vivre ; accomplir de grandes œuvres, de grands travaux, et être assez grand pour pouvoir travailler, non seulement pour son profit et sa réputation, mais encore pour la fortune et la félicité de ses semblables, c'est plus que vivre, c'est s'immortaliser. Or, dans ces deux cas, un seul jour ravi à l'existence individuelle est une perte réelle pour l'individu lui-même, et plus ou moins pour la société tout entière, interressée toujours, et au moins indirectement aux actions de ce dernier. Par le fait de notre nature nous nous devons en tout temps au travail, et, de loin en loin, au repos et au délassement qui en sont le complément obligé et nécessaire ; et puisque l'homme a besoin de repos et de distractions réglés et périodiques, il est évident que s'il ne peut s'y livrer à temps par un empêchement quelconque, il sera dans la nécessité de s'en dédommager aux jours du travail et au préjudice de ce dernier. Beaucoup de travailleurs ne fêtent le lundi que parce que, pour des cas et des causes d'exception, ils travaillent le dimanche. Or, toutes ces considérations, je le répète, s'analysent ainsi : Le temps, pour l'homme, c'est la vie, c'est le travail régulier, le travail avec son repos réglé ; c'est l'argent ; et pour abréger encore, on dit tout court : Le temps, c'est l'argent.

Maintenant, vous tous qui comprendrez cela, comprenez encore, que tandis que cette masse de personnes, vouée au dur travail de la semaine, et qui forme la multitude, divorçant plus que jamais avec les passe-temps abrutissants du café et du cabaret, se porte à flots pressés au théâtre, pour y jouir, en payant, des délassements intellectuels et d'un ordre élevé qu'il fournit, celui-ci tenant peu compte du tribut pécuniaire que la classe industrielle et ouvrière lui apporte, et qui le fait vivre, ait l'air de faire l'arrogant et le difficile, et qu'il puisse dire, en se rengorgeant dans son manteau de coutumes caduques et surannées : « Petites gens, vous autres, vous n'entrerez pas, ou bien, tout un jour, vous ferez antichambre, et encore à ma porte; non-seulement vous paierez de votre argent la faveur d'entrer chez vous, mais encore, tout ce temps du dimanche, si nécessaire à votre délassement des travaux de la semaine, vous le consommerez à faire pénitence, tantôt en posant à ma porte, immobiles sur vos deux jambes, en faisant la statue, tantôt en vous balançant de droite à gauche et d'un pied sur l'autre, tombant presque de lassitude et maudissant dans une juste impatience un plaisir douteux, acheté à des conditions si dures. Vous serez pendant de longues heures les vertèbres de cette célèbre et longue queue, que moi il me plaît d'avoir au front, véritable queue de paon, que j'étale en mes jours splendides; si vous ne voulez subir mon joug, allez dans le jour à ma direction vous procurer des billets au double du prix courant, ou si non, vous risquez fort de vous voir frustrer des délassements que je vous dois.» Un tel abus, direz-vous, est difficile à comprendre. — Mais non, transportez-vous le matin dès dix heures au Théâtre des Variétés, et vous y verrez déjà un commencement de queue et des gens qui y déjeûnent debout et sur place. N'y a-t-il pas incohérence choquante entre l'axiome déjà cité qui établit la grande valeur du temps pour tous et une manière de faire si bizarre. Si douze cents personnes doivent assister à une représentation, et qu'elles perdent en terme moyen deux heures de leur journée à filer les minutes d'attente pour s'amuser, cela fait tout juste comme deux cents jours d'activité méconnus, gaspillés et perdus par une seule personne, et puis, quel bon sens qu'on ne puisse obtenir quelques heures de plaisir qu'au prix de tant d'heures d'irritation et d'impatience. N'est-il pas évident que ce monseigneur le Théâtre se joue du public avec un cynisme dont il ne se doute pas lui-même ; car, notez bien, cet abus n'est pas de sa part un acte prémédité, il n'est en somme que le résultat de l'augmentation annuelle des masses de monde qui vont aujourd'hui presque invariablement fêter la soirée du dimanche au théâtre, et qui n'y allaient guères autrefois en ces jours du bon vieux temps que nos pères passaient à se saouler, à se quereller et à mettre le désordre partout.

Il serait donc bien temps que la direction cessât de se moquer ainsi de nous, et de tant de petites bourses qui la font vivre ; car, vraiment, nous n'avons nul plaisir, nul profit à lui faire ainsi la queue et à tirer ainsi le diable de ses entrées par la queue..... Qu'on supprime donc les queues de théâtre, au moins les plus longues, et il en restera probablement toujours assez.

A ces fins, il semble qu'à ses guichets, la direction devrait, aux jours de représentation, tenir un employé pour distribuer à toute heure et sans les faire attendre, autant de cartes d'entrée seulement que la salle contient de places, et l'autorité devrait en fixer le maximum, ce serait encore très urgent. Que le théâtre soit ouvert seulement une demi-heure avant la représentation, ce temps sera suffisant pour que les spectateurs s'introduisent, qu'on mette des barrières avec des agents de police, s'il y a apparence de foule, et que le premier qui se présentera à l'heure précise de l'ouverture et non avant soit le premier admis.

Et si cette mesure met la direction dans l'obligation de payer un employé de plus ou d'augmenter le traitement des distributeurs de cartes qui y sont déjà ; qu'elle charge le prix des places seulement de cinq centimes, et l'employé payé, il lui restera encore du bénéfice, tandis que le public sera ainsi enchanté de racheter à si bon compte une sujétion si atroce par le fait, puisqu'elle consiste à ne pouvoir se distraire et se délasser qu'en enrageant.

www.ingramcontent.com/pod-product-compliance
Lightning Source LLC
Chambersburg PA
CBHW050040230526
45470CB00003B/1373